ELEIÇÕES 2020

MINIRREFORMA ELEITORAL
Comentada

ELEIÇÕES 2020

Luciana Diniz Nepomuceno

MINIRREFORMA ELEITORAL

Comentada

EXPEDIENTE

Fundador	Italo Amadio (*in memoriam*)
Diretora Editorial	Katia Amadio
Editor-Chefe	Adão Pavoni
Editora Assistente	Mônica Ibiapino
Projeto Gráfico	Sergio A. Pereira
Revisão	Equipe Rideel
Diagramação	Formato Editoração e Serviços
Impressão	Forma Certa Gráfica

Dados Internacionais de Catalogação na Publicação (CIP)
(Câmara Brasileira do Livro, SP, Brasil)

Nepomuceno, Luciana
  Minirreforma eleitoral comentada: eleições 2020 /
Luciana Nepomuceno. – 1. ed. – São Paulo : Rideel, 2020.
  72 p.

Bibliografia
ISBN 978-85-339-5826-5

1. Direito eleitoral – Leis e legislação I. Título

19–2894
                                                      CDD 342.8107
                                                      CDU 342.8(81)

Índice para catálogo sistemático:

1. Brasil : Direito eleitoral – Leis e legislação

© 2020 – Todos os direitos reservados à

Av. Casa Verde, 455 – Casa Verde
CEP 02519-000 – São Paulo – SP
e-mail: sac@rideel.com.br
www.editorarideel.com.br

Proibida a reprodução total ou parcial desta obra, por qualquer meio ou processo, especialmente gráfico, fotográfico, fonográfico, videográfico, internet. Essas proibições aplicam-se também às características de editoração da obra. A violação dos direitos autorais é punível como crime (art. 184 e parágrafos, do Código Penal), com pena de prisão e multa, conjuntamente com busca e apreensão e indenizações diversas (artigos 102, 103, parágrafo único, 104, 105, 106 e 107, incisos I, II e III, da Lei nº 9.610, de 19-2-1998, Lei dos Direitos Autorais).

1 3 5 7 9 8 6 4 2
0 1 2 0

APRESENTAÇÃO DA OBRA

A Minirreforma Eleitoral comentada, eleições 2020, trata-se de continuação de livro homônimo escrito para as eleições de 2018. Agradeço, portanto, nesta parte introdutória, todos aqueles que adquiriram aquela obra e que confiaram no meu trabalho.

Este novo livro segue o mesmo formato de seu antecessor. Mantém linguagem simples e didática, com comentários em forma analítica da Lei nº 13.877, de 27-7-2019, que alterou dispositivos da Lei das Eleições (Lei nº 9.504/1997); da Lei Orgânica dos Partidos Políticos (Lei nº 9.096/1995); do Código Eleitoral; da Consolidação das Leis do Trabalho (CLT) e também da Lei nº 13.877, de 27-7-2019, cujas alterações foram tratadas ao longo desta obra.

Sob a ótica desta autora, as alterações para as eleições de 2020 foram modestas, focando-se o legislador, em primazia, na destinação dos recursos dos fundos partidários e de financiamento de campanha.

Ao longo da redação deste livro, a Presidência da República vetou 14 (quatorze) dispositivos do projeto de lei, sendo 5 (cinco) deles derrubados pelo Congresso Nacional e, posteriormente, promulgados, os quais mereceram nossa detida análise, assim como citamos as Resoluções do TSE para as eleições de 2020 publicadas até a data da entrega da obra para o prelo.

Esperamos, uma vez mais, poder contribuir com o estudo dos advogados e advogadas, juízes, membros do Ministério Público, políticos e de todos os operadores do Direito Eleitoral, e, principalmente, com a realização, em sua plena efetividade, do Estado Democrático de Direito.

A todas e a todos, uma boa leitura.

Luciana Diniz Nepomuceno

DEDICATÓRIA

Ao meu saudoso pai, Desembargador Nepomuceno Silva, um entusiasta do Direito Eleitoral.

SOBRE A AUTORA

Luciana Diniz Nepomuceno

Professora na Pontifícia Universidade Católica de Minas Gerais. Conselheira Federal da Ordem dos Advogados do Brasil. Juíza do Tribunal Regional Eleitoral de Minas Gerais no biênio 2010-2012. Advogada Sócia Proprietária no Nepomuceno Silva Advogados & Associados. Mestre e Especialista em Direito.

SUMÁRIO

LEI nº 13.877/2019

1. Lei Orgânica dos Partidos Políticos (Lei nº 9.096/1995) **11**
1.1 Art. 8º, *caput* 11
1.2 Art. 8º, § 1º 12
1.3 Art. 10, § 2º 12
1.4 Art. 15, I 14
1.5 Art. 19, § 1º 17
1.6 Art. 19, § 4º 18
1.7 Art. 29, § 4º 19
1.8 Art. 32 21
1.9. Art. 34, § 3º 24
1.10. Art. 34, § 4º 24
1.11 Art. 34, § 5º 24
1.12 Art. 34, § 6º 25
1.13 Art. 37, § 3º 27
1.14 Art. 37, § 3º-A 28
1.15 Art. 37, § 10 29
1.16 Art. 39, § 3º, III 31
1.17 Art. 39, § 6º 31
1.18 Art. 39, § 7º 33
1.19 Art. 39, § 8º 33
1.20 Art. 44, V 35
1.21 Art. 44, VIII 36
1.22 Art. 44, IX 38
1.23 Art. 44, X 38
1.24 Art. 44, XI 38
1.25 Art. 44-A, *caput* 40
1.26 Art. 44-A, pár. ún. 40
1.27 Art. 45-A 40
1.28 Art. 46-A 40
1.29 Art. 47-A 40
1.30 Art. 48-A 40
1.31 Art. 49-A 40
1.32 Art. 55-E 40

2. Lei Geral das Eleições (Lei nº 9.504/1997) **41**
2.1 Art. 11, § 15 41
2.2 Art. 16-C, II 42
2.3 Art. 16-C, § 16 42
2.4 Art. 16-D, § 3º 42
2.5 Art. 16-D, § 4º 43
2.6 Art. 18-A, pár. ún. 45
2.7 Art. 23, § 10 47
2.8 Art. 26, § 4º 48
2.9 Art. 26, § 5º 48
2.10 Art. 26, § 6º 48
2.11 Art. 27, § 1º 50
2.12 Art. 27, § 2º 50
2.13 Art. 28, § 12 52

3. Consolidação das Leis do Trabalho **52**
3.1 Art. 7º 52

4. Código Eleitoral (Lei nº 4.737/1965) **53**
4.1 Art. 262, § 1º 54

4.2 Art. 262, § 2º 56
4.3. Art. 262, § 3º 56

5. Lei nº 13.831/2019 57
5.1 Art. 3º, pár. ún. 57

6. Lei nº 13.488/2017 60
6.1 Art. 4º 60

Anexos 61
Lei nº 13.877, de 27 de setembro de 2019 61
Partes vetadas promulgadas pelo Congresso Nacional 69
Resoluções do TSE para as Eleições de 2020 71

LEI Nº 13.877/2019

1. ALTERAÇÕES NA LEI DOS PARTIDOS POLÍTICOS

REDAÇÃO ANTERIOR	NOVA REDAÇÃO
Lei nº 9.096/1995	Lei nº 13.877/2019
Art. 8º O requerimento do registro de partido político, dirigido ao cartório competente do Registro Civil das Pessoas Jurídicas, da Capital Federal, deve ser subscrito pelos seus fundadores, em número nunca inferior a cento e um, com domicílio eleitoral em, no mínimo, um terço dos Estados, e será acompanhado de: […] § 1º O requerimento indicará o nome e função dos dirigentes provisórios e o endereço da sede do partido na Capital Federal.	Art. 8º O requerimento do registro de partido político, dirigido ao cartório competente do Registro Civil das Pessoas Jurídicas do local de sua sede, deve ser subscrito pelos seus fundadores, em número nunca inferior a 101 (cento e um), com domicílio eleitoral em, no mínimo, 1/3 (um terço) dos Estados, e será acompanhado de: […] § 1º O requerimento indicará o nome e a função dos dirigentes provisórios e o endereço da sede do partido no território nacional.

Artigo 8º, *caput*. A alteração no texto do artigo 8º foi pontual e versou sobre regra de competência. Pela nova lei, passa-se a permitir que os partidos políticos façam o registro de sua constituição no Cartório do Registro Civil das Pessoas Jurídicas, já que têm natureza de pessoas jurídicas de direito privado (artigo 1º da LPP), do local de sua sede e não mais necessariamente em Brasília. Para o registro da agremiação, o requerimento deve ser subscrito por seus fundadores, em número mínimo de 101 (cento e um), com pleno gozo dos direitos políticos e com domicílio eleitoral em, no mínimo, nove Estados. Deverá ser instruído com cópia autenticada da reunião de sua fundação, exemplares do Diário Oficial que publicou o inteiro teor do programa e do Estatuto Partidário, além da relação com todos os nomes e dados completos dos fundadores.

Art. 8º, § 1º. No mesmo sentido da alteração da regra do *caput*, o § 1º também foi modificado, em parte, para permitir que o requerimento de registro da agremiação indique, além do nome e funções de seus dirigentes partidários, o endereço da sede do partido, que, de acordo com a Lei nº 13.877/2019, pode ser em qualquer parte do território nacional e não mais necessariamente em Brasília.

Artigo 10

REDAÇÃO ANTERIOR	NOVA REDAÇÃO
Lei nº 9.096/1995	Lei nº 13.877/2019
Art. 10. As alterações programáticas ou estatutárias, após registradas no Ofício Civil competente, devem ser encaminhadas, para o mesmo fim, ao Tribunal Superior Eleitoral.	Art. 10. As alterações programáticas ou estatutárias, após registradas no Ofício Civil competente, devem ser encaminhadas, para o mesmo fim, ao Tribunal Superior Eleitoral.
Parágrafo Único. O Partido comunica à Justiça Eleitoral a constituição de seus órgãos de direção e os nomes dos respectivos integrantes, bem como as alterações que forem promovidas, para anotação:	§ 1º O Partido comunica à Justiça Eleitoral a constituição de seus órgãos de direção e os nomes dos respectivos integrantes, bem como as alterações que forem promovidas, para anotação: (Renumerado)

ALTERAÇÕES NA LEI DOS PARTIDOS POLÍTICOS

Sem correspondência	§ 2º Os registros de atas e demais documentos de órgãos de direção nacional, estadual, distrital e municipal devem ser realizados no cartório do Registro Civil de Pessoas Jurídicas da circunscrição do respectivo diretório partidário. (Incluído)

Adquirida a personalidade jurídica pelo partido político, na forma da lei civil, o estatuto respectivo deve ser registrado no Tribunal Superior Eleitoral, permitindo, assim, sua participação no processo eleitoral, desde que observada dúplice condicionante: que o registro tenha sido efetivado com antecedência mínima de 6 (seis) meses do pleito e que a agremiação tenha, até a data da convenção, órgão de direção constituído na circunscrição, devidamente anotado no Tribunal Regional competente, de acordo com as regras estatutárias pertinentes (artigo 4º da Lei nº 9.504/1997 e artigo 2º da Resolução nº 23.609/TSE).

O artigo 10 da Lei Orgânica dos Partidos Políticos, em seu *caput*, versa sobre a necessidade de encaminhamento ao TSE de todas as alterações no programa ou no estatuto da agremiação após o registro respectivo no Cartório de Registro Civil. A novidade legislativa consiste na transformação de seu parágrafo único em dois. Manteve-se no parágrafo primeiro a redação contida no parágrafo único do texto anterior, no sentido de que o partido deve comunicar à Justiça Eleitoral a constituição de seus órgãos de direção e os nomes dos respectivos integrantes, bem como as alterações posteriores para anotação no TSE dos integrantes do órgão nacional, e nos Tribunais Regionais dos componentes dos órgãos estaduais, municipais ou zonais. O novel § 2º, à semelhança do artigo

8º da lei orgânica versa também sobre regra de competência. Pelo novo parágrafo, os registros das atas e demais documentos dos órgãos partidários em todos os seus níveis deverão ser realizados no Cartório do Registro Civil das Pessoas Jurídicas da circunscrição do respectivo diretório da agremiação.

Artigo 15, inciso I

REDAÇÃO ANTERIOR	NOVA REDAÇÃO
Lei nº 9.096/1995	Lei nº 13.877/2019
Art. 15. [...]	Art. 15. [...]
I – nome, denominação abreviada e o estabelecimento da sede na Capital Federal;	I – nome, denominação abreviada e o estabelecimento da sede no território nacional.

Mais uma alteração em regra de competência que, na esteira das precedentes, dispõe que o Estatuto do Partido deverá conter o nome, a denominação abreviada da agremiação e o local da sede no território nacional, em substituição à necessidade desta ser estabelecida em Brasília.

Artigo 19

REDAÇÃO ANTERIOR	NOVA REDAÇÃO
Lei nº 9.096/1995	Lei nº 13.877/2019
Art. 19. Na segunda semana dos meses de abril e outubro de cada ano, o partido, por seus órgãos de direção municipais, regionais ou nacional, deverá remeter, aos juízes eleitorais, para arquivamento, publicação e cumprimento dos prazos de filiação partidária para efeito de	Art. 19. Deferido internamente o pedido de filiação, o partido político, por seus órgãos de direção municipais, regionais ou nacional, deverá inserir os dados do filiado no sistema eletrônico da Justiça Eleitoral, que automaticamente enviará aos juízes eleitorais, para

candidatura a cargos eletivos, a relação dos nomes de todos os seus filiados, da qual constará a data de filiação, o número dos títulos eleitorais e das seções em que estão inscritos.	arquivamento, publicação e cumprimento dos prazos de filiação partidária para efeito de candidatura a cargos eletivos, a relação dos nomes de todos os seus filiados, da qual constará a data de filiação, o número dos títulos eleitorais e das seções em que estão inscritos.
§ 1º Se a relação não é remetida nos prazos mencionados neste artigo, permanece inalterada a filiação de todos os eleitores, constante da relação remetida anteriormente.	§ 1º Nos casos de mudança de partido de filiado eleito, a Justiça Eleitoral deverá intimar pessoalmente a agremiação partidária e dar-lhe ciência da saída do seu filiado, a partir do que passarão a ser contados os prazos para ajuizamento das ações cabíveis.
	[...]
Sem correspondência	§ 4º A Justiça Eleitoral disponibilizará eletronicamente aos órgãos nacional e estaduais dos partidos políticos, conforme sua circunscrição eleitoral, acesso a todas as informações de seus filiados constantes do cadastro eleitoral, incluídas as relacionadas a seu nome completo, sexo, número do título de eleitor e de inscrição no Cadastro de Pessoa Física (CPF), endereço, telefones, entre outras. (Incluído)

Artigo 19, *caput*. A filiação estabelece um vínculo jurídico entre o cidadão e a organização partidária. O respectivo ato pode ser levado a efeito perante os órgãos de direção municipal, estadual ou nacional, salvo previsão em contrário no estatuto. Assim, descabida, *v. g.*, a recusa de um diretório municipal a receber a ficha de filiação quando procedida nos diretórios estadual ou nacional. Deferida a filiação, o fato deve ser comunicado à Justiça Eleitoral. Pela redação anterior da cabeça do artigo, os partidos políticos deveriam enviar duas listas anuais, em abril e outubro, à Justiça Eleitoral com a relação dos nomes de seus filiados, contendo a data de filiação, o número dos respectivos títulos eleitorais e as seções nas quais estariam eles inscritos. As informações eram arquivadas e divulgadas publicamente pela Justiça Eleitoral. Com a alteração legislativa, deferido internamente o pedido de filiação do interessado, o partido deverá inserir os dados do filiado no sistema eletrônico da Justiça Eleitoral sem a necessidade de envio das listas duas vezes ao ano. Este sistema, alimentado periodicamente pelos próprios partidos, é denominado FILIA (módulo externo) e foi disciplinado pela Resolução nº 23.596/TSE, em 20-8-2019.

É de inteira responsabilidade dos órgãos partidários a adequada e tempestiva submissão das relações de filiados no sistema eletrônico do FILIA. Em caso de desídia ou má-fé do órgão partidário, poderá o prejudicado requerer sua filiação diretamente à Justiça Eleitoral, consoante o permissivo do § 2º do artigo 19 da Lei Orgânica dos Partidos Políticos.

A prova da filiação partidária, inclusive para fins de candidatura a cargo eletivo, será feita por meio da relação oficial de eleitores armazenada no sistema de filiação. Havendo omissão no banco de dados, o enunciado nº 20 da súmula do TSE e, em idêntica diretriz, o § 1º do artigo 28 da Resolução nº 23.609/TSE permitem que a filiação seja comprovada por outros meios: "**A prova de filiação partidária daquele cujo nome não constou da lista de filiados de que trata o art. 19 da Lei nº 9.096/1995 pode ser realizada por outros elementos de convicção, salvo quando se tratar de documentos produzidos unilateralmente, destituídos de fé pública**".

Não descaracteriza a filiação partidária a omissão de nome de filiado ou o mero registro de sua desfiliação perante o órgão partidário, pois, para se desligar do partido, o filiado deverá fazer comunicação escrita ao órgão de direção municipal e ao juiz eleitoral da zona em que for inscrito (artigo 21, *caput*, da LOPP). Em alguns casos, todavia, o cancelamento da filiação será imediato, assim o será quando houver (i) a morte; (ii) a perda dos direitos políticos; (iii) a expulsão; (iv) outras formas previstas no estatuto, com comunicação obrigatória ao atingido no prazo de 48 (quarenta e oito) horas da decisão ou (v) a filiação a outro partido, desde que a pessoa comunique o fato ao juiz da respectiva zona eleitoral (artigo 22 da LOPP).

§ 1º. Consoante a nova disposição do § 1º do artigo 19, no caso de mudança de partido pelo filiado eleito, competirá à Justiça Eleitoral comunicar pessoalmente à agremiação e dar-lhe ciência sobre a saída, a partir do que se inicia o prazo para o ajuizamento das ações cabíveis.

Firmado pelo STF o entendimento nos Mandados de Segurança nºs 26602, 26603 e 26604, de que o mandato pertence ao partido e de que a desfiliação partidária ocasiona sua perda quando a migração entre legendas se dá pelos eleitos por meio do sistema proporcional, para evitar esta drástica sanção necessária a existência de alguma das justas causas previstas nos incisos do artigo

22-A da Lei nº 9.096/1995, cuja regra encampada pelo *caput* é a da fidelidade partidária.

Assim, a transferência de candidato eleito por um partido para outra legenda sem que haja justa causa para a desfiliação (alteração substancial ou desvio reiterado do programa partidário; grave discriminação política pessoal ou mudança de partido efetuada durante o período de trinta dias que antecede o prazo de filiação exigido em lei para concorrer à eleição, majoritária ou proporcional, ao término do mandato vigente) legitima a agremiação prejudicada, no prazo de 30 dias contados da comunicação feita pela Justiça Eleitoral acerca da desfiliação, a ingressar em juízo com ação de decretação de perda de mandato eletivo (artigo 1º, § 2º, da Res. TSE nº 22.610/2007) e, se não o fizer, os demais colegitimados (Ministério Público Eleitoral ou o titular de interesse jurídico) terão 30 dias subsequentes para fazê-lo. A legitimidade *ad causam* da agremiação não exclui a do próprio filiado, detentor de mandato, para ajuizar ação declaratória de existência de justa causa, antecipando-se à iniciativa do partido e resguardando-se, por meio do pronunciamento judicial favorável, do risco da perda do mandato (artigo 1º, § 3º, da Resolução nº 22.610/2007).

Em caso de filiado não eleito, à vista do disposto no inciso V do artigo 22 da Lei Orgânica dos Partidos Políticos, engajando-se em outra agremiação, deverá comunicar o fato ao juiz da zona eleitoral para que a filiação primitiva seja cancelada. Não o fazendo, configurará duplicidade de filiação com a prevalência da mais recente (parágrafo único do artigo 22).

§ 4º. A nova lei acrescentou o § 4º no artigo 19 da Lei Orgânica dos Partidos Políticos, prevendo que a Justiça Eleitoral disponibilizará, por meio de seu sistema eletrônico (FILIA), aos órgãos de direção nacional e estadual dos partidos, conforme a circunscrição eleitoral, acesso a todas as informações de seus filiados constantes do cadastro eleitoral, incluindo nome, sexo, número do título de eleitor e do CPF, endereço e telefone. Nesse mesmo sentido é a previsão do artigo 34 da Resolução nº 23.596/2019 do TSE: **"os órgãos de direção nacional dos partidos políticos terão pleno acesso às *informações* de seus filiados constantes do cadastro eleitoral, nos termos da Resolução do TSE nº 21.538, de 14 de outubro de 2003"**.

Artigo 29

REDAÇÃO ANTERIOR	NOVA REDAÇÃO
Lei nº 9.096/1995	Lei nº 13.877/2019
Art. 29. [...]	Art. 29. [...]
[...]	[...]
§ 4º Na hipótese de fusão, a existência legal do novo partido tem início com o registro, no Ofício Civil competente da Capital Federal, do estatuto e do programa, cujo requerimento deve ser acompanhado das atas das decisões dos órgãos competentes.	§ 4º Na hipótese de fusão, a existência legal do novo partido tem início com o registro, no Ofício Civil competente da sede do novo partido, do estatuto e do programa, cujo requerimento deve ser acompanhado das atas das decisões dos órgãos competentes.

§ 4º. A alteração no texto do § 4º foi pontual, para prever que, no caso de fusão de partidos, a existência legal da nova agremiação dar-se-á a partir do registro do estatuto ou do programa partidário no ofício civil competente da sede da nova agremiação, que não precisa ser, necessariamente, em Brasília, seguindo, assim, a mesma diretriz das demais alterações na Lei orgânica dos Partidos Políticos sobre regras de competência.

Importante ressaltar que o artigo 2º da LOPP, à luz da autonomia partidária, prevê a possibilidade das agremiações fundirem-se ou incorporarem-se: **"é livre a criação, fusão, incorporação e extinção de partidos políticos cujos programas respeitem a soberania nacional, o regime democrático, o pluripartidarismo e os direitos fundamentais da pessoa humana".**

No caso de fusão, os órgãos de direção dos partidos políticos elaboram projetos comuns de estatuto e programa. Posteriormente, os órgãos nacionais de deliberação dos partidos políticos em processo de fusão votam em reunião conjunta e, por maioria absoluta, elegem o órgão de direção nacional que promoverá o registro do novo partido político (artigo 29 da Lei nº 9.096/1995).

Deferido o requerimento de registro, serão cancelados, de ofício, os registros dos órgãos de direção estaduais e municipais dos partidos políticos extintos (artigo 27 da LPP). Nesse caso, os partidos envolvidos se "extinguem" e é criada uma nova legenda.

Na incorporação, por seu lado, cabe ao partido político incorporado deliberar, por maioria absoluta de votos em seu órgão de direção nacional, sobre a adoção do estatuto e do programa da outra agremiação incorporadora. Adotados o estatuto e o programa do partido político incorporador, realiza-se, em reunião conjunta dos órgãos nacionais de deliberação, a eleição do novo órgão de direção nacional. Nesse caso, o partido incorporador permanece com o seu nome e sigla, se assim o desejar (artigo 29 da Lei dos Partidos Políticos).

O instrumento da incorporação deve ser registrado no Ofício Civil, a quem compete o cancelamento do registro do partido incorporado ao outro (§ 6º do citado artigo 29), e averbado no TSE (§ 8º do artigo 29 da LPP).

ALTERAÇÕES NA LEI DOS PARTIDOS POLÍTICOS

Consoante o artigo 53 da Resolução do TSE nº 23.571/2018, somente é admitida a fusão ou a incorporação de partidos políticos que tenham obtido o registro definitivo do Tribunal Superior Eleitoral há, pelo menos, cinco anos.

Artigo 32

REDAÇÃO ANTERIOR	NOVA REDAÇÃO
Lei nº 9.096/1995	Lei nº 13.877/2019
Art. 32. O partido está obrigado a enviar, anualmente, à Justiça Eleitoral, o balanço contábil do exercício findo, até o dia 30 de abril do ano seguinte.	Art. 32. O partido está obrigado a enviar, anualmente, à Justiça Eleitoral, o balanço contábil do exercício findo, até o dia 30 de junho do ano seguinte.

O *caput* do artigo 32 da Lei dos Partidos Políticos, bem como o do artigo 28 da Resolução do TSE nº 23.546/2017, impunham aos partidos políticos o dever de prestação de contas anuais, cujo prazo se exauria, consoante a redação original daquele, em 30 de abril do ano seguinte. A alteração promovida pela Lei nº 13.877/2019 prorrogou para 30 de junho do ano seguinte o prazo fatal para as agremiações apresentarem à Justiça Eleitoral suas contas anuais. A falta de prestação de contas implicará a suspensão de recebimento de novas cotas do Fundo Partidário enquanto perdurar a inadimplência e sujeitará os responsáveis às penas da lei, segundo a dicção do artigo 37-A da Lei nº 9.096/1995 e, no mesmo sentido, o artigo 30, inciso III, da citada Resolução.

No prazo estipulado no *caput* do artigo 32, é dizer, até 30 de junho do ano seguinte, caso o órgão partidário municipal não tenha movimentado recursos financeiros ou arrecadado bens estimáveis em dinheiro, seu respectivo responsável deverá apresentar à Justiça Eleitoral declaração de ausência de movimentação de recursos no período, ficando, nesta hipótese, por força do preceito do artigo 32, § 4º, da Lei nº 9.096/1995, com a nova redação que lhe imprimiu a Lei nº 13.831/2019, desobrigado a prestar contas e a enviar declarações de isenção, de débitos e créditos tributários federais ou demonstrativos contábeis à Receita Federal, bem como dispensado da obtenção de certificação digital.

A declaração firmada pelo órgão municipal ou a certidão exarada por órgão superior ou regional de inexistência de movimentação financeira, na esteira do que dispõe o § 2º do artigo 42 da Lei nº 9.096/1995, goza de fé pública, sem prejuízo de apuração de eventual ilegalidade, para o que a Justiça Eleitoral está, inclusive, legitimada a determinar a quebra do sigilo bancário das contas dos partidos (artigo 35 da Lei nº 9.096/1995).

Caso o órgão partidário municipal, em razão da ausência de movimentação de recursos financeiros ou de arrecadação de bens estimáveis, tenha sua inscrição baixada ou inativada perante a Receita Federal, caberá ao seu representante legal requerer a respectiva reativação, instruindo seu pedido com declaração simplificada de inexistência daquelas, com efeitos imediatos ou a partir de janeiro de 2020, hipótese em que a reativação será efetivada sem a cobrança de taxas, multas ou outros encargos decorrentes da ausência de prestação de contas (§§ 6º e 7º do artigo 32 da Lei dos Partidos Políticos).

Artigo 34

REDAÇÃO ANTERIOR	NOVA REDAÇÃO
Lei nº 9.096/1995	Lei nº 13.877/2019
Art. 34. [...]	Art. 34. [...]
§ 1º [...]	§ 1º [...]
§ 2º [...]	§ 2º [...]

Sem correspondência	§ 3º (Vetado)
Sem correspondência	§ 4º Para o exame das prestações de contas dos partidos políticos, o sistema de contabilidade deve gerar e disponibilizar os relatórios para conhecimento da origem das receitas e das despesas. (Incluído)
Sem correspondência	§ 5º Os relatórios emitidos pelas áreas técnicas dos tribunais eleitorais devem ser fundamentados estritamente com base na legislação eleitoral e nas normas de contabilidade, vedado opinar sobre sanções aplicadas aos partidos políticos, cabendo aos magistrados emitir juízo de valor. (Incluído)
Sem correspondência	§ 6º A Justiça Eleitoral não pode exigir dos partidos políticos apresentação de certidão ou documentos expedidos por outro órgão da administração pública ou por entidade bancária e do sistema financeiro que mantêm convênio ou integração de sistemas eletrônicos que realizam o envio direto de documentos para a própria Justiça Eleitoral. (Incluído)

§ 3º. Vetado

§ 4º. Compete à Justiça Eleitoral fiscalizar a prestação de contas dos partidos e as despesas de campanha. O novel § 4º prevê que, nesta atividade fiscalizadora, o sistema de contabilidade do TSE deve gerar e disponibilizar relatórios contendo a origem das receitas e das despesas.

§ 5º. Ao examinar as contas dos órgãos partidários, a área técnica dos Tribunais Eleitorais emite pareceres como forma de subsidiar o julgamento das contas pelos magistrados eleitorais. Consoante a alteração legislativa, a fundamentação desses pareceres dos órgãos técnicos não pode versar sobre a espécie de sanção aplicável aos partidos na eventualidade de ser constatada irregularidade ou violação à norma legal ou estatutária, devendo cingir-se à subsunção do fato à legislação eleitoral e contábil.

Assim, o órgão técnico, ao emitir parecer sobre as contas, não poderá concluir pela espécie de sanção aplicável, sendo esta função exclusiva do órgão julgador. Constatada a violação de normas legais ou estatutárias, imporá a Justiça Eleitoral à agremiação, conforme o caso, as sanções legais, quais sejam: (i) em caso de recursos de origem não mencionada ou esclarecida (artigo 32 da Resolução do TSE nº 23.607/2019), a suspensão do recebimento das cotas do fundo partidário até a aceitação do esclarecimento pela justiça eleitoral (artigo 36 da LOPP, inciso I); (ii) na hipótese de recebimento de recursos de fontes vedadas (artigo 31 da LOPP e artigo 31 da Resolução do TSE nº 23.607/2019), a suspensão das cotas do fundo partidário será pelo período de 1 (um) ano (inciso II do artigo 36 da LOPP); (iii) sendo as contas da agremiação desaprovadas, a penalidade será a devolução da importância apontada como irregular, acrescida de multa de até 20% (vinte por cento) (artigo 37, *caput*, da LOPP), a qual deverá ser aplicada de forma proporcional e razoável, pelo período de 1 (um) a 12 (doze) meses, e o pagamento deverá ser feito por meio de desconto nos futuros repasses de cotas do fundo partidário a, no máximo, 50% (cinquenta por cento) do valor mensal, desde que a prestação de contas seja julgada, pelo juízo ou tribunal competente, em até 5 (cinco) anos de sua apresentação, vedada a acumulação de sanções (§ 3º do artigo 37 da LOPP, com a nova redação dada pela Lei nº 13.877/2019); (iv) na falta de prestação de contas, haverá a suspensão de recebimento de novas cotas do fundo partidário enquanto perdurar a inadimplência e sujeitará os responsáveis às penas da lei (artigo 37-A da LOPP).

As decisões da Justiça Eleitoral nos respectivos processos de prestação de contas, ainda que no sentido da respectiva desaprovação, não poderão, entretanto, ensejar a inscrição dos dirigentes partidários no Cadastro Informativo dos Créditos não Quitados do Setor Público Federal (Cadin), consoante a novel previsão do § 8º do artigo 32 da LOPP, introduzido pela Lei nº 13.831/2019.

§ 6º. No exame da prestação de contas, compete à Justiça Eleitoral, por meio de seu órgão técnico, a análise formal dos documentos fiscais apresentados pelos partidos e candidatos, com o escopo de identificar a origem das receitas e a destinação das despesas com as atividades partidárias e eleitorais. O § 6º introduz na Lei dos Partidos Políticos norma proibitiva, vedando a possibilidade de a Justiça Eleitoral, no processo de análise e julgamento das contas, exigir das agremiações a apresentação de certidão ou de documentos expedidos por órgãos da administração pública ou por instituição bancária que mantenha convênio ou sistema eletrônico integrado que realize o envio direito de documentação a ela, desincumbindo, assim, as organizações partidárias do respectivo ônus.

Artigo 37

REDAÇÃO ANTERIOR	NOVA REDAÇÃO
Lei nº 9.096/1995	Lei nº 13.877/2019
Art. 37. [...]	Art. 37. [...]
[...]	[...]
§ 3º A sanção a que se refere o *caput* deverá ser aplicada de forma proporcional e razoável, pelo período de um a doze meses, e o pagamento deverá ser feito por meio de desconto nos futuros repasses de cotas do Fundo Partidário, desde que a prestação de contas seja julgada, pelo juízo ou tribunal competente, em até cinco anos de sua apresentação.	§ 3º A sanção a que se refere o *caput* deste artigo deverá ser aplicada de forma proporcional e razoável, pelo período de 1 (um) a 12 (doze) meses, e o pagamento deverá ser feito por meio de desconto nos futuros repasses de cotas do fundo partidário a, no máximo, 50% (cinquenta por cento) do valor mensal, desde que a prestação de contas seja julgada, pelo juízo ou tribunal competente, em até 5 (cinco) anos de sua apresentação, vedada a acumulação de sanções.
Sem correspondência	§ 3º-A. O cumprimento da sanção aplicada a órgão estadual, distrital ou municipal somente será efetivado a partir da data de juntada aos autos do processo de prestação de contas do aviso de recebimento da citação ou intimação, encaminhada, por via postal, pelo Tribunal Regional Eleitoral ou

	Juízo Eleitoral ao órgão partidário hierarquicamente superior. (Incluído).
	[...]
§ 10. Os gastos com passagens aéreas serão comprovados mediante apresentação de fatura ou duplicata emitida por agência de viagem, quando for o caso, desde que informados os beneficiários, as datas e os itinerários, vedada a exigência de apresentação de qualquer outro documento para esse fim. (Incluído pela Lei nº 13.165, de 2015).	§ 10. (Vetado). Os gastos com passagens aéreas serão comprovados mediante apresentação de fatura ou duplicata emitida por agência de viagem, quando for o caso, e os beneficiários deverão atender ao interesse da respectiva agremiação e, nos casos de congressos, reuniões, convenções, palestras, poderão ser emitidas independentemente de filiação partidária segundo critérios interna corporis, vedada a exigência de apresentação de qualquer outro documento para esse fim. (Promulgação partes vetadas)

§ 3º. Durante a análise das contas partidárias pela Justiça Eleitoral, podem ser constatadas falhas que comprometam sua regularidade e que, por consentâneo, ensejam sua respectiva desaprovação (inciso III do artigo 74 da Resolução do TSE nº 23.607/2019).

Nesta hipótese, como abordado nos comentários ao artigo 34, a sanção pertinente será a de devolução da quantia irregular, acrescida do pagamento de multa de até 20% (artigo 37, *caput*), cuja cobrança se dará por meio de descontos nos futuros repasses das cotas do Fundo Partidário, que podem ter, sob tal rubrica, apenas metade do valor mensal comprometido. A penalidade deverá ser aplicada à luz dos princípios da proporcionalidade e da razoabilidade por um período de 1 (um) a 12 (doze) meses, a ser fixado pelo magistrado eleitoral, sendo sua imposição condicionada ao julgamento das contas pela Justiça Eleitoral dentro do interstício de 5 (cinco) anos de sua apresentação, sendo defesa a cumulação de sanções (em sentido analógico, o disposto no § 7º do artigo 74 da Resolução do TSE nº 23.607).

§ 3º-A. Consoante o novel dispositivo, o cumprimento da sanção prevista no *caput* (devolução da quantia irregular acrescida de multa), que é aplicável apenas à esfera partidária responsável pela irregularidade, somente será efetivado a partir da data de juntada aos autos do processo de prestação de contas do aviso de recebimento da citação ou intimação, encaminhada, por via postal, pelo Tribunal Regional Eleitoral ou Juízo Eleitoral ao órgão partidário hierarquicamente superior àquele que teve suas contas desaprovadas.

A decisão da Justiça Eleitoral que julgar as contas, inclusive na hipótese de sua desaprovação, não enseja a inscrição dos dirigentes partidários responsáveis no Cadastro Informativo de Créditos não Quitados do Setor Público Federal (Cadin) (§ 8º do artigo 32 da LOPP) e, conquanto desaprovadas, o partido político não poderá ser impedido de participar do pleito eleitoral (artigo 32, § 5º, da LPP).

Todavia, sendo desaprovadas as contas ou praticados atos ilícitos atribuídos aos partidos políticos, poderão seus respectivos dirigentes ser responsabilizados, pessoal, civil e criminalmente, desde que a irregularidade seja, cumulativamente: (a) grave; (b) insanável; (c) resultante de conduta dolosa; (d) importe enriquecimento ilícito; e (d) cause lesão ao patrimônio público (§ 13 do artigo 37 da LOPP).

Essa responsabilidade terá natureza subjetiva e, assim como eventuais dívidas já apuradas, incidirá apenas sobre o dirigente partidário responsável pela agremiação à época dos fatos (§ 6º do artigo 74 da Resolução do TSE nº 23.607), não a impedindo de receber o repasse do fundo partidário, consoante previsão do novel § 15 do artigo 37, introduzido pela Lei nº 13.831/2019.

§ 10. ~~VETADO~~

A alteração no § 10 ampliou a possibilidade de gastos com passagens aéreas destinados a congressos, reuniões, convenções e palestras serem realizados também para não filiados, de acordo com interesses internos do órgão partidário. Foi, com acerto, vetada pela Presidência da República sob a justificativa de que a ausência de critérios da viagem e a excepcionalidade da necessidade de filiação partidária possibilitam o desvirtuamento do escopo do financiamento público da atuação do partido político, além de reduzirem a possibilidade de controle e a transparência da prestação de contas de recursos do fundo partidário utilizados com passagens aéreas. Porém, o veto foi derrubado pelo Congresso Nacional.

Artigo 39

REDAÇÃO ANTERIOR	NOVA REDAÇÃO
Lei nº 9.096/1995	Lei nº 13.877/2019
Art. 39. [...]	Art. 39. [...]
[...]	[...]
§ 3º [...]	§ 3º [...]
[...]	[...]

III – mecanismo disponível em sítio do partido na internet que permita inclusive o uso de cartão de crédito ou de débito e que atenda aos seguintes requisitos: (Incluído pela Lei nº 13.165, de 2015).	III – mecanismo disponível em sítio do partido na internet que permita o uso de cartão de crédito, cartão de débito, emissão on-line de boleto bancário ou, ainda, convênios de débitos em conta, no formato único e no formato recorrente, e outras modalidades, e que atenda aos seguintes requisitos: [...]
Sem correspondência	§ 6º Os bancos e empresas de meios de pagamentos, incluídos os denominados digitais, ficam obrigados a disponibilizar a abertura de contas bancárias e os seus serviços de meios de pagamentos e compensação, inclusive on-line, para que os partidos políticos possam desenvolver e operacionalizar os mecanismos previstos no inciso III do § 3º deste artigo. (Incluído).
Sem correspondência	§ 7º Os serviços para os partidos políticos não se caracterizam e não acarretam restrições relativas às pessoas politicamente expostas, e seus serviços serão disponibilizados pelo preço oferecido pela instituição financeira a outras pessoas jurídicas. (Incluído).

ALTERAÇÕES NA LEI DOS PARTIDOS POLÍTICOS

Sem correspondência	§ 8º As instituições financeiras devem oferecer aos partidos políticos pacote de serviços bancários que agreguem o conjunto dos serviços financeiros, e a mensalidade desse pacote não poderá ser superior à soma das tarifas avulsas praticadas no mercado. (Incluído).

§ 3º, inciso III. O artigo 39 da Lei dos Partidos Políticos versa sobre as doações às agremiações, as quais, após o julgamento pelo STF na ADIN nº 4.650, vedando o financiamento empresarial, restringiram-se às pessoas físicas enquanto doadores originários. Seu § 3º, alterado pela Lei nº 13.877/2019, elenca as formas de doações: **(i)** cheques cruzados e nominais e transferência eletrônica de depósitos; **(ii)** depósitos em espécie devidamente identificados; **(iii)** mecanismo disponível em sítio eletrônico do partido na internet que viabilize o uso de cartão de crédito e de débito (ambas só admitidas quando efetuadas pelo titular do cartão); e, a inovação legal, emissão *on-line* de boleto bancário, ou, ainda, de convênios de débitos em conta.

Em qualquer uma das hipóteses previstas no inciso III, deverá haver a identificação do doador e a emissão obrigatória do recibo eleitoral para cada doação realizada, para fins de controle pela Justiça Eleitoral.

§ 6º. Para o recebimento das doações e demais movimentações financeiras, os partidos, em cada esfera de direção, devem abrir contas bancárias específicas de acordo com a respectiva origem do recurso financeiro, na Caixa Econômica Federal, no Banco do Brasil ou em outra instituição financeira com carteira comercial reconhecida pelo Banco Central do Brasil (artigo 22 da Lei nº 9.504/1997 e artigo 8º da Resolução do TSE nº 23.607/2019).

Os partidos políticos e os candidatos devem abrir contas bancárias distintas e específicas para o recebimento e a utilização de recursos oriundos do Fundo Partidário e do Fundo Especial de Financiamento de Campanha (artigo 9º da citada Resolução). O órgão de direção nacional do partido está, na esteira desta regra geral, obrigado a abrir conta bancária específica também para a aplicação do percentual de 5% do fundo partidário, destinado, por força do imperativo do inciso V do artigo 44 da LOPP, ao fomento da participação política das mulheres. Para os demais órgãos de direção e demais espécies de receita, a abertura de conta somente será exigida quando existir movimentação financeira, consoante a previsão do novel § 1º do artigo 42 da LOPP, introduzido pela Lei nº 13.831/2019).

O prazo para abertura de contas, em caso dos partidos políticos que não abriram conta bancária "Doações para Campanha" até o dia 15 de agosto de 2018, será até 15 de agosto do ano eleitoral. Para os candidatos, será o de até 10 (dez) dias da concessão do CNPJ pela Secretaria da Receita Federal (incisos I e II do § 1º do artigo 10 da citada Resolução).

A arrecadação de recursos pela internet exige que o partido político disponibilize mecanismo em sua página eletrônica, com a identificação do doador pelo nome e CPF; emissão de recibo para cada doação auferida, dispensada a assinatura do doador; e a utilização de terminal de captura de transações para as doações por meio de cartão de crédito ou débito.

Pelo novel § 6º do artigo 39, os bancos e as empresas que receberem as doações, inclusive as realizadas por meio digital, são obrigados a disponibilizar a abertura de contas bancárias e os seus

ALTERAÇÕES NA LEI DOS PARTIDOS POLÍTICOS

serviços de pagamentos e compensações, inclusive *on-line*, para que os partidos possam desenvolver e operacionalizar os mecanismos em seus sítios eletrônicos.

§ 7º. Os serviços bancários prestados às agremiações não se caracterizam e não acarretam restrições relativas às pessoas politicamente expostas e serão disponibilizados pelo preço que os Bancos oferecem às demais pessoas jurídicas, evitando, com isso, qualquer atitude discriminatória.

§ 8º. Dispõe o novel § 8º que as Instituições Financeiras deverão oferecer às agremiações pacote de serviços bancários que agreguem o conjunto dos serviços financeiros, e os valores deste pacote não poderão exceder a soma das tarifas avulsas praticadas no mercado.

Artigo 44

REDAÇÃO ANTERIOR	NOVA REDAÇÃO
Lei nº 13.165/2015	Lei nº 13.877/2019
Art. 44. [...]	Art. 44. [...]
[...]	[...]
V – na criação e manutenção de programas de promoção e difusão da participação política das mulheres, criados e mantidos pela secretaria da mulher do respectivo partido político ou, inexistindo a secretaria, pelo instituto ou fundação de pesquisa e de doutrinação e educação política de que trata o inciso IV, conforme percentual que será fixado pelo órgão	V – na criação e manutenção de programas de promoção e difusão da participação política das mulheres, criados e executados pela Secretaria da Mulher ou, a critério da agremiação, por instituto com personalidade jurídica própria presidido pela Secretária da Mulher, em nível nacional, conforme percentual que será fixado pelo órgão nacional de direção partidária,

nacional de direção partidária, observado o mínimo de 5% (cinco por cento) do total.	observado o mínimo de 5% (cinco por cento) do total; [...]
Sem correspondência	VIII - na contratação de serviços de consultoria contábil e advocatícia e de serviços para atuação jurisdicional em ações de controle de constitucionalidade e em demais processos judiciais e administrativos de interesse partidário, bem como nos litígios que envolvam candidatos do partido, eleitos ou não, relacionados exclusivamente ao processo eleitoral; (Incluído).
Sem correspondência	IX - (Vetado);
Sem correspondência	X - na compra ou locação de bens móveis e imóveis, bem como na edificação ou construção de sedes e afins, e na realização de reformas e outras adaptações nesses bens; (Incluído).
Sem correspondência	XI - no custeio de impulsionamento, para conteúdos contratados diretamente com provedor de aplicação de internet com sede e foro no País, incluída a priorização paga de conteúdos resultantes de aplicações de busca na internet,

ALTERAÇÕES NA LEI DOS PARTIDOS POLÍTICOS

mediante o pagamento por meio de boleto bancário, de depósito identificado ou de transferência eletrônica diretamente para conta do provedor, o qual deve manter conta bancária específica para receber recursos dessa natureza, proibido nos 180 (cento e oitenta) dias anteriores à eleição. (Incluído).

Inciso V. O artigo 44 disciplina as formas de aplicação dos recursos oriundos do Fundo Partidário. Subsiste com a Lei nº 13.877/2019 a obrigatoriedade de investimento mínimo de 5% (cinco por cento) dos recursos respectivos na criação e manutenção de programas de promoção e difusão da participação política das mulheres, com a alteração por ela promovida de que sua instituição e execução poderão ser efetivadas não só pela Secretaria da Mulher, como também, a critério da agremiação, por instituto com personalidade jurídica própria presidido por aquela Secretaria.

Perdeu-se a oportunidade de se alterar o texto legal também para se prever a destinação específica do percentual mínimo de 30% (trinta por cento) dos recursos do fundo partidário ao financiamento das campanhas femininas, consentâneo àquele que é estipulado para as cotas de gênero nas listas partidárias (artigo 10, § 3º, da Lei nº 9.504/1997).

Nesse sentido, inclusive, é a previsão da Resolução do TSE nº 23.607/2019, que, em seu artigo 19, § 3º, dispõe que **"Os partidos políticos, em cada esfera, devem destinar ao financiamento de campanhas de suas candidatas no mínimo 30% dos gastos totais contratados nas campanhas eleitorais com recursos do Fun-**

do Partidário, incluídos nesse valor os recursos a que se refere o inciso V do art. 44 da Lei nº 9.096/1995 (Lei nº 13.165/2015, art. 9º)", fazendo-o, igualmente, quanto aos recursos decorrentes do FEFC (artigo 17, § 4º).

A observância obrigatória deste percentual mínimo para o financiamento das candidaturas femininas foi, no mesmo direcionamento, o fundamento da decisão do STF que, no julgamento da ADIN 5617, declarou inconstitucional o artigo 9º da Lei nº 13.165/2015, exatamente porque ele previa o limite percentual máximo de 15% (quinze por cento), muito aquém do mínimo da cota de gênero exigida imperativamente nas listas das agremiações.

Em caso de não cumprimento da exigência do inciso V do artigo 44 pelas agremiações nos exercícios anteriores a 2019, por força da Lei nº 13.831/2019, em seus artigos 55-A a 55-C, serão elas anistiadas, desde que tenham sido os recursos do fundo partidário utilizados no financiamento das candidaturas femininas até o pleito de 2018. Atendida esta condicionante, as agremiações não poderão ter suas contas rejeitadas ou sofrer qualquer outra penalidade, tampouco seus dirigentes poderão ter seus nomes inscritos no Cadin.

Inciso VIII – A grande novidade introduzida pela Lei nº 13.877/2019 foi a previsão de utilização de recursos do fundo partidário para a contratação de serviços de consultoria de contabilidade e de advocacia, assim como para o custeio de atuação jurisdicional em ações de controle de constitucionalidade e em demais processos judiciais e administrativos de interesse dos partidos, bem como nos litígios que envolvam candidatos da agremiação, eleitos ou não, relacionados exclusivamente ao processo eleitoral.

Ampliou-se com a nova regra o espectro de abrangência dos serviços profissionais advocatícios e contábeis passíveis de custeio mediante recursos públicos.

A Resolução do TSE nº 23.553/2017 vedava a utilização de recursos de campanha para o pagamento de honorários de advogados e de contadores na defesa de interesses de candidatos ou partidos em processos judiciais, restringindo-se a permissibilidade normativa aos serviços de consultoria daqueles profissionais, reputados como gastos eleitorais e, consequentemente, sujeitos à escrituração (artigo 1º da Resolução nº 23.470/2016).

Com a nova lei, os recursos do fundo partidário poderão ser utilizados também para o custeio dos serviços profissionais realizados no contencioso judicial de interesse das agremiações, bem como em processos judiciais que envolvam candidatos, eleitos ou não, desde que vinculados ao processo eleitoral.

O novel inciso deve ter sua interpretação conjugada com a do artigo 18-A da Lei das Eleições. Pela redação original do *caput*, serão contabilizadas nos limites de gastos de campanha todas as despesas efetuadas pelos candidatos e partidos que puderem ser individualizadas. Com a alteração promovida pela Lei nº 13.877/2019, foi-lhe acrescido o parágrafo único, que excetua do teto de gastos as despesas com contabilidade e advocacia relacionadas à prestação de serviços em campanha eleitoral, bem como em processos judiciais que envolvam candidatos ou partidos.

A inovação legislativa vai exigir a mais ampla transparência por parte desses profissionais, porque não mais estarão os gastos desta natureza sujeitos aos limites impostos pela norma, como, *v. g.*, o de 10% (dez por cento) aplicável às doações efetuadas pelas pessoas físicas. Porém, sob enfoque outro, reforça a imprescindibilidade dos advogados para a garantia da ampla defesa, máxime nos pleitos eleitorais que, muitas vezes, são instaurados de forma infundada, por mera inquietude daquele que ficou insatisfeito com o resultado das urnas.

Inciso IX – VETADO

Inciso X – Os recursos do fundo podem ser utilizados na compra ou locação de bens móveis e imóveis, bem como na edificação ou construção de sedes e afins, e na realização de reformas e outras adaptações nesses bens.

Inciso XI – Nas últimas eleições gerais, foi permitido o impulsionamento de conteúdo na internet com fins eleitorais, desde que identificado de forma inequívoca e contratado exclusivamente por partidos políticos, coligações, candidatos e seus representantes, consoante o permissivo contido no artigo 57-B da Lei das Eleições. As respectivas despesas são consideradas gastos eleitorais e estão sujeitas aos limites legais (artigo 26, XV, da Lei das Eleições). Os gastos desta natureza declarados à Justiça Eleitoral por candidatos eleitos para a Câmara dos Deputados no pleito de 2018 alcançou a monta de 4,6 milhões de reais, sendo a maior parte deles realizada por partidos tradicionais como PT, PP, MDB, PSDB e DEM (dados coligidos pela internet: lab.org.br).

Com a nova regra, o fundo partidário poderá ser utilizado até os 180 dias anteriores à eleição quando destinado a arcar com os custos de impulsionamento desses conteúdos, devendo os recursos ser pagos diretamente ao respectivo provedor, mediante boleto, depósito identificado ou transferência eletrônica, que deverá manter conta bancária específica para recebê-los.

ALTERAÇÕES NA LEI DOS PARTIDOS POLÍTICOS

Artigo 44-A

REDAÇÃO ANTERIOR	NOVA REDAÇÃO
Lei nº 9.096/1995	Lei nº 13.877/2019
Sem correspondência	**Art. 44-A.** As atividades de direção exercidas nos órgãos partidários e em suas fundações e institutos, bem como as de assessoramento e as de apoio político-partidário, assim definidas em normas internas de organização, não geram vínculo de emprego, não sendo aplicável o regime jurídico previsto na Consolidação das Leis do Trabalho, aprovada pelo Decreto-Lei nº 5.452, de 1º de maio de 1943, quando remuneradas com valor mensal igual ou superior a 2 (duas) vezes o limite máximo do benefício do Regime Geral de Previdência Social. (Incluído).
Sem correspondência	**Parágrafo único.** O partido político poderá ressarcir despesas comprovadamente realizadas no desempenho de atividades partidárias e deverá manter registro contábil de todos os dispêndios efetuados, sem computar esses valores para os fins do inciso I do *caput* do art. 44 desta Lei.

Artigo 44-A. Este novel dispositivo elide a configuração de vínculo trabalhista, regido pela CLT, nas atividades de direção exercidas nos organismos partidários, em suas fundações e institutos, bem como nas de assessoramento e de apoio político-partidário, quando remuneradas com valor mensal igual ou superior a duas vezes o limite máximo do benefício do Regime Geral de Previdência Social.

Parágrafo único – Para além das despesas com a manutenção das sedes, serviços do partido e pagamento de pessoal, para as quais se pode utilizar do total do fundo partidário até 50% (cinquenta por cento) para o órgão nacional e 60% (sessenta por cento) para cada órgão estadual e municipal, a agremiação poderá ressarcir as despesas realizadas no desempenho de atividades partidárias, desde que devidamente comprovadas e registradas contabilmente.

Artigos 45-A; 46-A; 47-A; 48-A e 49-A da Lei nº 9.096/1995, VETADOS.

Artigo 55-E

REDAÇÃO ANTERIOR	NOVA REDAÇÃO
Lei nº 9.096/1995	Lei nº 13.877/2019
Sem correspondência	Art. 55-E. O disposto no art. 30 desta Lei deverá ser implantado no prazo máximo de 180 (cento e oitenta) dias, contado da data de entrada em vigor deste artigo. (Incluído).

Dispõe o artigo 30 da Lei dos Partidos Políticos que as agremiações, por meio de seus órgãos nacionais, regionais e municipais, devem manter escrituração contábil de forma a permitir o conhecimento da origem de suas receitas e a destinação de suas despesas. O imperativo legal, consoante o novel artigo 55-E, deve ser cumprido até 180 dias da data de entrada em vigor da nova lei, é dizer, em 24.3.2020.

ALTERAÇÕES NA LEI Nº 9.504/1997

ARTIGO 2º ALTERAÇÕES NA LEI DAS ELEIÇÕES

Artigo 11, § 15 - VETADO

Artigo 16-C, II

REDAÇÃO ANTERIOR	NOVA REDAÇÃO
Lei nº 9.504/1997	Lei nº 13.877/2019
Art. 16-C. [...]	Art. 16-C. [...]
[...]	[...]
II – a 30% (trinta por cento) dos recursos da reserva específica de que trata o inciso II do § 3º do art. 12 da Lei nº 13.4873, de 8 de agosto de 2017. [...]	II – ~~VETADO~~ II – ao percentual do montante total dos recursos da reserva específica a programações decorrentes de emendas de bancada estadual impositiva, que será encaminhado no projeto de lei orçamentária anual.
Sem correspondência	§ 16. Os partidos podem comunicar ao Tribunal Superior Eleitoral até o 1º (primeiro) dia útil do mês de junho a renúncia ao FEFC, vedada a redistribuição desses recursos aos demais partidos. (Incluído)

Art. 16-C, inciso II. A redação originária de referido inciso previa que o Fundo Especial de Financiamento de Campanha seria constituído, dentre o mais, por 30% (trinta por cento) dos recursos da reserva específica da lei orçamentária destinada às programações decorrentes de emendas de bancada estadual de execução obrigatória e de despesas necessárias para o custeio de campanhas eleitorais. A proposta legislativa retirou o limite percentual, razão pela qual foi vetada, porém, o veto foi derrubado pelo Congresso Nacional.

Artigo 16-C, § 16. Este parágrafo foi acrescentado pela Lei nº 13.877/19, para permitir, dentro da autonomia partidária, a possibilidade de renúncia ao fundo especial de financiamento de campanha, desde que a agremiação faça a comunicação respectiva ao Tribunal Superior Eleitoral até o 1º dia útil do mês de junho, sendo vedada sua redistribuição aos outros partidos.

Artigo 16-D

REDAÇÃO ANTERIOR	NOVA REDAÇÃO
Lei nº 9.504/1997	Lei nº 13.877/2019
Art. 16-D. [...]	Art. 16-D. [...]
[...]	[...]
Sem correspondência	§ 3º Para fins do disposto no inciso III do *caput* deste artigo, a distribuição dos recursos entre os partidos terá por base o número de representantes eleitos para a Câmara dos Deputados na última eleição geral, ressalvados os casos dos detentores de mandato que migraram em razão de o partido pelo qual

ALTERAÇÕES NA LEI DAS ELEIÇÕES

	foram eleitos não ter cumprido os requisitos previstos no § 3º do art. 17 da Constituição Federal.
Sem correspondência	§ 4º Para fins do disposto no inciso IV do *caput* deste artigo, a distribuição dos recursos entre os partidos terá por base o número de representantes eleitos para o Senado Federal na última eleição geral, bem como os Senadores filiados ao partido que, na data da última eleição geral, encontravam-se no 1º (primeiro) quadriênio de seus mandatos.

Os recursos decorrentes do FEFC são distribuídos entre os partidos políticos consoante as regras estatuídas nos incisos do artigo 16-D e artigo 5º da Resolução do TSE nº 23.605/2019:

> I – 2% distribuídos igualmente entre todos os partidos com registro no TSE;
>
> II – 35% divididos entre as agremiações que tenham pelo menos um Deputado Federal, na proporção dos votos por eles obtidos na última eleição geral para a Câmara dos Deputados;
>
> III – 48% divididos entre os partidos, na proporção do número de deputados federais, consideradas as legendas dos titulares;
>
> IV – 15% distribuídos entre as agremiações na proporção do número de senadores, consideradas as legendas dos titulares.

A Lei nº 13.877/2019 acrescentou o § 3º a este artigo 16-D, passando a prever que a distribuição do percentual previsto no inciso III (48%), que tem por base de cálculo o número de deputados federais, consideradas as legendas dos titulares, não levará em consideração os trânsfugas que mudaram de partido em razão do não atingimento pela agremiação de origem da cláusula de barreira (§ 2º do artigo 5º da Resolução do TSE nº 23.605/2019).

Segundo a diretriz do artigo 17, § 3º, da CF, somente terão direito aos recursos do fundo partidário e acesso gratuito ao rádio e à TV os partidos que, alternativamente: (a) obtiverem, nas eleições para a Câmara, no mínimo, 3% (três por cento) dos votos válidos, distribuídos em pelo menos nove Estados, com um mínimo de dois dos votos válidos em cada um deles; ou (b) tiverem elegido no mínimo 15 Deputados Federais, distribuídos em pelos menos nove Estados.

Criou-se, a partir desta disposição constitucional introduzida pelo artigo 3º da EC nº 97/2017, a cláusula de barreira ou de exclusão para as agremiações, cuja vigência se iniciou em 1º de fevereiro de 2019, que, não a alcançando, não terão acesso aos recursos do Fundo Partidário e ao tempo de propaganda eleitoral gratuita no rádio e na televisão.

Corolário também da instituição da cláusula de barreira foi a criação de nova hipótese de justa causa para desfiliação partidária. Consoante o § 5º do artigo 17 da Carta Constitucional, o filiado eleito por agremiação que não alcançou àquela tem o direito de migrar para outra sem o risco de perder o mandato, porém, como discorrido, a novel filiação não será computada para fins de distribuição dos recursos dos fundos partidário e eleitoral.

Artigo 18-A, parágrafo único

REDAÇÃO ANTERIOR	NOVA REDAÇÃO
Lei nº 9.504/1997	Lei nº 13.877/2019
Art. 18-A. [...]	Art. 18-A. [...]
[...]	[...]
Sem correspondência	**Parágrafo único.** Para fins do disposto no *caput* deste artigo, os gastos advocatícios e de contabilidade referentes a consultoria, assessoria e honorários, relacionados à prestação de serviços em campanhas eleitorais e em favor destas, bem como em processo judicial decorrente de defesa de interesses de candidato ou partido político, não estão sujeitos a limites de gastos ou a limites que possam impor dificuldade ao exercício da ampla defesa.

Remonta-se, neste particular, aos comentários expendidos ao artigo 44, VIII, da Lei Orgânica dos Partidos Políticos, acrescentando-lhes que este parágrafo único excepciona a regra instituída pelo *caput*, excluindo do limite de gastos ou de qualquer outra limitação as despesas realizadas com contadores e advogados, desde que relacionadas à consultoria e à assessoria em campanhas eleitorais ou em processos judiciais para a defesa de candidatos ou partidos.

É dizer: para o pleito vindouro, não haverá limites para os dispêndios com honorários contábeis e advocatícios, que podem ser arcados com recursos dos fundos, partidário e eleitoral, sejam eles decorrentes de serviços de prestados a título de consultoria ou jurisdicional, de interesse do partido ou de candidatos, inclusive não eleitos, mas desde que relacionados ao processo eleitoral.

Destaca-se certa atecnia na redação do texto legal ao se valer o legislador de cláusula aberta neste parágrafo único do artigo 18-A, expungindo a incidência de limites que possam impor "dificuldade ao exercício da ampla defesa".

Isso porque não há como se aquilatar, ainda que no caso concreto, se o limite impõe ou não dificuldades ao exercício da ampla defesa, uma vez que:

(i) há a imprescindibilidade de atuação do advogado em processos judiciais, dotados que são de capacidade postulatória;

(ii) a tabela da Ordem dos Advogados do Brasil traz apenas sugestão de valores de honorários mínimos;

(iii) não se pode suprimir do candidato ou do partido o direito de escolher o profissional de sua confiança, cuja remuneração se balizará, conforme a hipótese, em vários critérios, como, *v. g.*, experiência; reputação no mercado e confiança.

Reveste-se a norma em comento, portanto, de grande carga de subjetividade ao simplesmente afastar a limitação dos gastos quando "houver dificuldade ao exercício da ampla defesa", o que, fatalmente, demandará a atuação hermenêutica da Justiça Eleitoral.

Artigo 23

REDAÇÃO ANTERIOR	NOVA REDAÇÃO
Lei nº 9.504/1997	Lei nº 13.877/2019
Art. 23. [...]	Art. 23. [...]
[...]	[...]

ALTERAÇÕES NA LEI DAS ELEIÇÕES

Sem correspondência	§ 10. O pagamento efetuado por pessoas físicas, candidatos ou partidos em decorrência de honorários de serviços advocatícios e de contabilidade, relacionados à prestação de serviços em campanhas eleitorais e em favor destas, bem como em processo judicial decorrente de defesa de interesses de candidato ou partido político, não será considerado para a aferição do limite previsto no § 1º deste artigo e não constitui doação de bens e serviços estimáveis em dinheiro. (Incluído)

Este dispositivo disciplina a doação por pessoas físicas, em dinheiro ou estimáveis em dinheiro, para as campanhas eleitorais, as quais estão limitadas a 10% (dez por cento) do rendimento bruto auferido pelo doador no ano anterior ao da eleição.

A Lei nº 13.877/2019 introduziu ao artigo 23, o § 10 que, na esteira do parágrafo único do artigo 18, exclui de qualquer limite de gastos os pagamentos realizados por pessoas físicas destinados à quitação de honorários com contador e profissionais da advocacia, desde que relacionados à prestação de serviços para as campanhas eleitorais ou aos processos judiciais que envolvam partidos e candidatos. Qualquer pagamento desta natureza não terá também o caráter de doação de bem ou de serviço estimável em dinheiro.

Artigo 26, §§ 4º, 5º e 6º

REDAÇÃO ANTERIOR	NOVA REDAÇÃO
Lei nº 9.504/1997	Lei nº 13.877/2019
Art. 26. [...]	Art. 26. [...]
[...]	[...]
Sem correspondência	§ 4º As despesas com consultoria, assessoria e pagamento de honorários realizadas em decorrência da prestação de serviços advocatícios e de contabilidade no curso das campanhas eleitorais serão consideradas gastos eleitorais, mas serão excluídas do limite de gastos de campanha. (Incluído)
Sem correspondência	§ 5º Para fins de pagamento das despesas de que trata este artigo, inclusive as do § 4º deste artigo, poderão ser utilizados recursos da campanha, do candidato, do fundo partidário ou do FEFC. (Incluído)
Sem correspondência	§ 6º Os recursos originados do fundo de que trata o art. 16-C desta Lei utilizados para pagamento das despesas previstas no § 4º deste artigo serão informados em anexo à prestação de contas dos candidatos. (Incluído)

Neste dispositivo, a opção legislativa foi no sentido de atribuir o caráter de gasto eleitoral não só aos serviços de consultoria e assessoria, bem como ao pagamento de honorários a esses profissionais em relação ao contencioso judicial, desde que relacionados à campanha eleitoral.

Até a entrada em vigor da nova regra, a caracterização de gasto eleitoral restringia-se aos serviços de consultoria prestados por aqueles profissionais em favor das campanhas eleitorais, os quais poderiam ser pagos com recurso da campanha e estavam, por consentâneo, sujeitos à escrituração (artigo 1º da Resolução nº 23.470/2016), consolidando-se, neste sentido, a jurisprudência do TSE:

> Os honorários relativos aos serviços advocatícios e de contabilidade relacionados com o processo jurisdicional contencioso não podem ser considerados como gastos eleitorais de campanha nem estão sujeitos à contabilização ou à limitação que possa impor dificuldade ao exercício da ampla defesa [...]. (AC de 16.8.2016, no AgR-REsp nº 139373, Rel. Min. Henrique Neves).

Com a Lei nº 13.877/2019, que viabilizou a utilização de recursos não só do fundo partidário, bem como os do fundo especial de financiamento de campanha para arcar com os serviços de natureza jurisdicional, não há mais sentido se restringir o caráter de gasto eleitoral aos dispêndios com o trabalho consultivo.

Em qualquer das hipóteses, consultivo ou jurisdicional, os gastos respectivos serão reputados despesas eleitorais, porém, não se encartam na regra do *caput* do artigo 26 da Lei das Eleições, por não estarem sujeitos ao teto limite. Nesta diretriz, também a previsão do artigo 35, § 3º, da Resolução do TSE nº 23.607/2019.

O § 5º do artigo 26 da Lei das Eleições e o § 4º do artigo 35 da Resolução do TSE nº 23.607 permitem a utilização dos recursos de campanha, do próprio candidato, do fundo partidário e do fundo especial de financiamento de campanha para arcar com todos os gastos eleitorais, inclusive, com os serviços profissionais de advogado e contador, os quais, como visto, não estão sujeitos ao teto de despesas.

Na eventualidade de os recursos do fundo especial de financiamento de campanha serem utilizados para o pagamento de serviços de consultoria ou honorários de advogados ou contadores relacionados à campanha eleitoral, os respectivos dispêndios, como visto no § 5º, são considerados gastos eleitorais e, portanto, devem ser escriturados de forma anexa à prestação de contas dos candidatos, como forma de conferir mais transparência à destinação desses recursos públicos (artigo 26, § 6º, da Lei das Eleições e artigo 35, § 5º, da Resolução do TSE nº 23.607/2019).

Artigo 27, §§ 1º e 2º

REDAÇÃO ANTERIOR	NOVA REDAÇÃO
Lei nº 9.504/1997	Lei nº 13.877/2019
Art. 27. [...]	Art. 27. [...]
[...]	[...]
Sem correspondência	§ 1º Fica excluído do limite previsto no *caput* deste artigo o pagamento de honorários decorrentes da prestação de serviços advocatícios e de contabilidade, relacionados às campanhas eleitorais e em favor destas. (Incluído)
Sem correspondência	§ 2º Para fins do previsto no § 1º deste artigo, o pagamento efetuado por terceiro não compreende doação eleitoral. (Incluído)

ALTERAÇÕES NA LEI DAS ELEIÇÕES

A Lei das Eleições autoriza as pessoas físicas a realizarem doações às campanhas eleitorais, condicionadas à observância do limite percentual de 10% (dez por cento) dos rendimentos brutos auferidos pelo doador e informados à Receita Federal no ano anterior ao da eleição, sob pena de, em caso de sua inobservância, sofrerem multa de até 100% (cem por cento) da quantia excedente.

Nos comentários ao artigo 23, asseverou-se que Lei nº 13.877/2019 excepcionou referida regra ao permitir que os dispêndios realizados para pagamento de serviços advocatícios e contábeis, judiciais ou consultivos, não sejam reputados como doação e não se subsumam ao limite legal.

No mesmo sentido, foram as alterações perpetradas no artigo 27 da Lei das Eleições. Pela regra do *caput*, qualquer eleitor pode realizar gastos com apoio ao candidato de sua preferência, até a quantia de um mil UFIR (R$ 1.064,10), não sujeitos à contabilização, desde que não reembolsados.

Com a nova lei, não estarão também sujeitos ao teto estabelecido pela Lei das Eleições e não terão caráter de doação (§§ 1º e 2º) os gastos efetuados por eleitor em favor de candidato desde que destinados ao pagamento de honorários advocatícios ou de contabilidade decorrentes de serviços prestados à campanha eleitoral ou em benefício desta.

É dizer: a partir da Lei nº 13.877/2019, é possível tanto a doação quanto a realização de gastos por terceiros destinados ao pagamento de serviços profissionais de advocacia e de contabilidade vinculados à campanha eleitoral, sem qualquer teto limite, em um ou em outro caso.

Artigo 28, § 12

REDAÇÃO ANTERIOR	NOVA REDAÇÃO
Lei nº 9.504/1997	Lei nº 13.877/2019
Art. 28. [...]	Art. 28. [...]
[...]	[...]
Sem correspondência	§ 12. Os valores transferidos pelos partidos políticos oriundos de doações serão registrados na prestação de contas dos candidatos como transferência dos partidos e, na prestação de contas anual dos partidos, como transferência aos candidatos. (Incluído)

Alterou-se a parte final do § 12 do artigo 28, dele suprimindo a expressão "sem individualização dos doadores", a partir do que, para se dar maior transparência à prestação de contas, os valores transferidos pelos partidos aos candidatos e vice-versa deverão ser escriturados com descrição individualizada das doações.

ALTERAÇÕES NO DECRETO-LEI Nº 5.452/1943

ARTIGO 3º - ALTERAÇÕES DA CLT

REDAÇÃO ANTERIOR	NOVA REDAÇÃO
Decreto-Lei nº 5.452/1943	Lei nº 13.877/2019
Art. 7º [...]	Art. 7º [...]
Sem correspondência	f) às atividades de direção e assessoramento nos órgãos, institutos e fundações dos partidos, assim definidas em normas internas de organização partidária.

ALTERAÇÕES NO ARTIGO 262 DO CE

Este dispositivo alterou a Consolidação das Leis do Trabalho, em seu artigo 7º, para nele inserir, entre as hipóteses de não incidência de seus ditames, as atividades de direção e assessoramento nos órgãos, institutos e fundações partidárias, assim definidas em regras internas das agremiações.

ALTERAÇÕES NO CÓDIGO ELEITORAL – LEI Nº 4.737/1965

ARTIGO 4º - ALTERAÇÕES NO ARTIGO 262 DO CE

REDAÇÃO ANTERIOR	NOVA REDAÇÃO
Lei nº 4.737/1965	Lei nº 13.877/2019
Art. 262. [...]	Art. 262. [...]
[...]	§ 1º ~~VETADO~~
Sem correspondência	§ 1º A inelegibilidade superveniente que atrai a restrição à candidatura, se formulada no âmbito do processo de registro, não poderá ser deduzida no recurso contra expedição de diploma.
	§ 2º ~~VETADO~~
Sem correspondência	§ 2º A inelegibilidade superveniente apta a viabilizar o recurso contra a expedição de diploma, decorrente de alterações fáticas ou jurídicas, deverá ocorrer até a data fixada para que os partidos políticos e as coligações apresentem seus

Sem correspondência	requerimentos de registros de candidatos. § 3º ~~VETADO~~ § 3º O recurso de que trata este artigo deverá ser interposto no prazo de 3 (três) dias após o último dia limite fixado para a diplomação e será suspenso no período compreendido entre os dias 20 de dezembro e 20 de janeiro, a partir do qual retomará seu cômputo.

Artigo 262, § 1º. O artigo 262 do Código Eleitoral trata do cognominado recurso contra expedição de diploma. Antes da Lei nº 12.891/2013, ele contava, em sua redação original, com quatro incisos, os quais dispunham sobre as hipóteses de cabimento desta ação (defende-se a natureza jurídica de ação do RCED).

Com a revogação dos incisos, aquela norma deu nova redação ao *caput*, o qual passou a prever as restritivas hipóteses de admissão do RCED:

> O recurso contra expedição de diploma caberá somente nos casos de inelegibilidade superveniente ou de natureza constitucional e de falta de condição de elegibilidade.

As inelegibilidades que lastreiam a propositura do RCED são de duas ordens, as de caráter constitucional, constituídas a qualquer momento e não sujeitas à preclusão, e as de natureza infraconstitucional que surgirem após a formalização do pedido de candidatura.

No que tange a essas (infraconstitucionais), o momento oportuno para apresentação dos fatos impeditivos ao direito de candidatar-se é o da AIRC (ação de impugnação de registro de candidatura), sob pena de preclusão.

Incorrendo o candidato em condição de inelegibilidade por fato ocorrido após a data do pedido de registro, estar-se-á diante de inelegibilidade superveniente, sobre a qual versa o enunciado nº 47 da Súmula do TSE: "a inelegibilidade superveniente que autoriza a interposição de recurso contra expedição de diploma, fundado no artigo 262 do Código Eleitoral, é aquela de índole constitucional ou, se infraconstitucional, superveniente ao registro de candidatura, e que surge até a data do pleito".

Nessa senda, consoante entendimento cristalizado na jurisprudência, as inelegibilidades supervenientes passíveis de arguição por meio do RCED são, ou as de natureza constitucional, ou as infraconstitucionais, desde que, no que a elas pertine, o fato ensejador tenha surgido no interstício entre o registro e a data do pleito.

A Lei nº 13.877/2019 introduziu três parágrafos no artigo 262 do Código Eleitoral, que encetarão profundas modificações na jurisprudência até então consolidada, razão, inclusive, de seu veto inicial, que, todavia, não subsistiu ao Congresso Nacional.

O novel § 1º preconiza que a inelegibilidade superveniente, se formulada no âmbito do processo de registro, não poderá ser deduzida no RCED.

Criou-se, assim, com a nova norma, hipótese de preclusão consumativa. É dizer: arguida a ausência de condição de elegibilidade por ocasião do processo de registro, via ação de impugnação de registro de candidatura – AIRC – não poderá sê-la posteriormente, por meio do RCED.

O § 2º, por seu lado, promove alteração naquela interpretação pretoriana. Consoante a nova regra, a inelegibilidade superveniente que viabiliza o RCED, decorrente de alterações fáticas e jurídicas, deve ocorrer até a data fixada para que os partidos políticos e as coligações apresentem seus requerimentos de registros de candidatos.

A partir da interpretação sistemática desses dois novos dispositivos, pode-se, portanto, extrair a seguinte inferência: só poderá ser alegada por meio do RCED a inelegibilidade superveniente se a respectiva causa ocorrer até a data para o registro de candidatura e desde que ela não tenha sido objeto de AIRC.

Todavia, se o fato ensejador do impedimento à candidatura é preexistente ao requerimento de registro (RRC) deverá ser arguido pela via própria da AIRC (ação de impugnação ao registro de candidatura), sob pena de preclusão, se de índole infraconstitucional, e não por aquele meio excepcional (RCED). A inelegibilidade passível de alegação por meio de RCED, e precisamente por esta razão que é denominada de superveniente, é exatamente aquela constituída após a formulação do requerimento de registro.

O novo § 2º, em verdade, desvirtua e restringe o conceito de superveniência para fins de cabimento do recurso contra expedição de diploma, razão pela qual, e para o resguardo do devido processo legal, da soberania popular e da segurança jurídica, seu respectivo veto deveria ter sido mantido pelo Congresso.

O § 3º versa sobre o prazo para a propositura do RCED, o qual é mantido em 3 (três) dias, agora com a previsão expressa em lei de seu marco inicial – último dia fixado para a diplomação – e de sua suspensão durante o período de recesso forense – 20 de dezembro a 20 de janeiro – a partir do qual retomará seu curso.

ALTERAÇÕES NA LEI Nº 13.831, DE 17 DE MAIO DE 2019

ARTIGO 5º - ~~VETADO~~

REDAÇÃO ANTERIOR	NOVA REDAÇÃO
Lei nº 13.831/2019	Lei nº 13.877/2019
Art. 3º [...]	Art. 3º [...]
Sem correspondência	**Parágrafo único.** Aplica-se também aos processos que se encontram em fase de execução judicial o disposto no art. 55-D da Lei nº 9.096, de 19 de setembro de 1995. (Incluído)

Este dispositivo alterou a recente Lei nº 13.831/2019 para acrescentar ao artigo 3º, o parágrafo único. Preconiza o *caput* que "as disposições desta Lei terão eficácia imediata nos processos de prestação de contas e de criação dos órgãos partidários em andamento, a partir de sua publicação, ainda que julgados, mas não transitados em julgado".

Pela regra da cabeça do artigo, instituiu-se a eficácia imediata das normas introduzidas pela Lei nº 13.831/2019, notadamente as que versam sobre prestação de contas e criação de órgãos partidários, independentemente de se já ter ou não o respectivo julgamento, mas, antes do respectivo trânsito em julgado. O parágrafo único acrescentado pelo artigo 5º da Lei nº 13.877/2019 amplia o âmbito de incidência da nova lei, para permitir a aplicabilidade imediata do artigo 55-D da LOPP aos processos em curso, ainda em que fase de execução de sentença.

A Lei Orgânica dos Partidos Políticos (Lei nº 9.096/1995) foi alterada pela Lei nº 13.831/2019, sendo nela acrescentada os artigos 55-A, 55-B, 55-C e 55-D.

O artigo 55-A dispõe que as agremiações que não tiverem destinado o percentual mínimo obrigatório do fundo partidário para o fomento da participação da mulher na política (artigo 44, V, da LOPP), mas, que o tiverem destinado ao financiamento das candidaturas femininas até o pleito de 2018, não poderão ter suas contas rejeitadas ou sofrer qualquer outra penalidade.

Na eventualidade de haver saldo em conta bancária decorrente da aplicação dos recursos do fundo partidário previstos no inciso V do artigo 44 da Lei Orgânica no financiamento das candidaturas femininas, o permissivo do artigo 55-B autoriza a respectiva utilização na criação e manutenção de programas de promoção e difusão da participação política das mulheres até o exercício de 2020, como forma de compensação.

A controvérsia, contudo, giza sobre o disposto no artigo 55-C daquela lei. Por sua redação, os partidos que, até o exercício de 2018, não observarem o disposto no artigo 44, inciso V, exatamente o que vincula o percentual mínimo de 5% (cinco por cento) dos recursos do fundo partidário à criação e manutenção de programas destinados ao fomento das candidaturas femininas, não poderão ter suas contas rejeitadas.

É o escopo de aludido inciso V exatamente o de suprir o descompasso na participação feminina na política, tratando-se de nítida ação afirmativa para fazer prevalecer, em um regime que se diz democrático, a igualdade material. Sob este enfoque, o artigo 55-C, ao anistiar os partidos políticos, suprimindo da Justiça Eleitoral a possibilidade de reprovar contabilmente as contas das organizações partidárias que não atentarem para a aplicação mínima dos recursos do fundo aos quais alude citado inciso V, representa um retrocesso e um esvaziamento, por via oblíqua, daquela exigência legal, uma vez que, a mesma lei que institui a obrigação – destinação do percentual mínimo do fundo partidário – expunge a sanção para o descumprimento. Padece, portanto, de manifesta inconstitucionalidade.

Por derradeiro, o artigo 55-D, objeto de promulgação pelo Congresso, institui outra forma de anistia, desta feita às doações recebidas pelos partidos políticos em anos anteriores oriundas de servidores públicos com função ou cargo público de livre nomeação e exoneração, desde que filiados às próprias agremiações, Consoante a regra legal, as devoluções ou cobranças decorrentes dessas doações ficam anistiadas, sendo a norma de eficácia imediata com incidência, inclusive, nos processos de prestação de contas que se encontrarem em fase de execução (*rectius*, cumprimento de sentença), consoante artigo 3º, parágrafo único, da Lei nº 13.831/2019.

ARTIGO 6º - ~~VETADO~~

As alterações promovidas nesta Lei aplicam-se a todos os processos de prestação de contas dos partidos que não tenham transitado em julgado em todas as instâncias.

No mesmo direcionamento do artigo 3º da Lei nº 13.831/2019, a regra do artigo 6º prevê a eficácia imediata dos ditames da Lei nº 13.877/2019 aos processos de prestação de contas cujas respectivas decisões ainda não transitaram em julgado.

ALTERAÇÕES NA LEI Nº 13.488/2017

ARTIGO 7º – FICA REVOGADO O ART. 4º DA LEI Nº 13.488, DE 6 DE OUTUBRO DE 2017

> **Lei nº 13.488/2017**
> **Art. 4º** Em 2018, para fins do disposto nos incisos III e IV do *caput* do art. 16-D da Lei nº 9.504, de 30 de setembro de 1997, a distribuição de recursos entre os partidos terá por base o número de representantes titulares na Câmara dos Deputados e no Senado Federal, apurado em 28 de agosto de 2017 e, nas eleições subsequentes, apurado o último dia da sessão legislativa imediatamente anterior ao ano eleitoral.

A Lei nº 13.877/2019 revogou o artigo 4º da Lei nº 13.488/2017, que tratava sobre regra de transição pertinente à distribuição de recursos do fundo especial de financiamento de campanha (FEFC) para as eleições de 2018.

ANEXOS

LEI Nº 13.877, DE 27 DE SETEMBRO DE 2019

Altera as Leis nºs 9.096, de 19 de setembro de 1995, 9.504, de 30 setembro de 1997, 4.737, de 15 de julho de 1965 (Código Eleitoral), 13.831, de 17 de maio de 2019, e a Consolidação das Leis do Trabalho, aprovada pelo Decreto-Lei nº 5.452, de 1º de maio de 1943, para dispor sobre regras aplicadas às eleições; revoga dispositivo da Lei nº 13.488, de 6 de outubro de 2017; e dá outras providências.

▶ Publicada no *DOU* de 27-9-2019, edição extra-A.

O PRESIDENTE DA REPÚBLICA Faço saber que o Congresso Nacional decreta e eu sanciono a seguinte Lei:

Art. 1º A Lei nº 9.096, de 19 de setembro de 1995, passa a vigorar com as seguintes alterações:

> "Art. 8º O requerimento do registro de partido político, dirigido ao cartório competente do Registro Civil das Pessoas Jurídicas do local de sua sede, deve ser subscrito pelos seus fundadores, em número nunca inferior a 101 (cento e um), com domicílio eleitoral em, no mínimo, 1/3 (um terço) dos Estados, e será acompanhado de:
>
> ...
>
> § 1º O requerimento indicará o nome e a função dos dirigentes provisórios e o endereço da sede do partido no território nacional.
>
> ..."
>
> "Art. 10. ...
>
> § 1º ...
>
> § 2º Os registros de atas e demais documentos de órgãos de direção nacional, estadual, distrital e municipal devem ser realizados no cartório do Registro Civil de Pessoas Jurídicas da circunscrição do respectivo diretório partidário."
>
> "Art. 15. ...

I – nome, denominação abreviada e o estabelecimento da sede no território nacional;

..."

"Art. 19. Deferido internamente o pedido de filiação, o partido político, por seus órgãos de direção municipais, regionais ou nacional, deverá inserir os dados do filiado no sistema eletrônico da Justiça Eleitoral, que automaticamente enviará aos juízes eleitorais, para arquivamento, publicação e cumprimento dos prazos de filiação partidária para efeito de candidatura a cargos eletivos, a relação dos nomes de todos os seus filiados, da qual constará a data de filiação, o número dos títulos eleitorais e das seções em que estão inscritos.

§ 1º Nos casos de mudança de partido de filiado eleito, a Justiça Eleitoral deverá intimar pessoalmente a agremiação partidária e dar-lhe ciência da saída do seu filiado, a partir do que passarão a ser contados os prazos para ajuizamento das ações cabíveis.

...

§ 4º A Justiça Eleitoral disponibilizará eletronicamente aos órgãos nacional e estaduais dos partidos políticos, conforme sua circunscrição eleitoral, acesso a todas as informações de seus filiados constantes do cadastro eleitoral, incluídas as relacionadas a seu nome completo, sexo, número do título de eleitor e de inscrição no Cadastro de Pessoa Física (CPF), endereço, telefones, entre outras."

"Art. 29. ...

...

§ 4º Na hipótese de fusão, a existência legal do novo partido tem início com o registro, no Ofício Civil competente da sede do novo partido, do estatuto e do programa, cujo requerimento deve ser acompanhado das atas das decisões dos órgãos competentes.

..."

"Art. 32. O partido está obrigado a enviar, anualmente, à Justiça Eleitoral, o balanço contábil do exercício findo, até o dia 30 de junho do ano seguinte.

..."

"Art. 34. ...

...
§ 3º VETADO.

§ 4º Para o exame das prestações de contas dos partidos políticos, o sistema de contabilidade deve gerar e disponibilizar os relatórios para conhecimento da origem das receitas e das despesas.

§ 5º Os relatórios emitidos pelas áreas técnicas dos tribunais eleitorais devem ser fundamentados estritamente com base na legislação eleitoral e nas normas de contabilidade, vedado opinar sobre sanções aplicadas aos partidos políticos, cabendo aos magistrados emitir juízo de valor.

§ 6º A Justiça Eleitoral não pode exigir dos partidos políticos apresentação de certidão ou documentos expedidos por outro órgão da administração pública ou por entidade bancária e do sistema financeiro que mantêm convênio ou integração de sistemas eletrônicos que realizam o envio direto de documentos para a própria Justiça Eleitoral."

"Art. 37. ...

...

§ 3º A sanção a que se refere o *caput* deste artigo deverá ser aplicada de forma proporcional e razoável, pelo período de 1 (um) a 12 (doze) meses, e o pagamento deverá ser feito por meio de desconto nos futuros repasses de cotas do fundo partidário a, no máximo, 50% (cinquenta por cento) do valor mensal, desde que a prestação de contas seja julgada, pelo juízo ou tribunal competente, em até 5 (cinco) anos de sua apresentação, vedada a acumulação de sanções.

§ 3º-A. O cumprimento da sanção aplicada a órgão estadual, distrital ou municipal somente será efetivado a partir da data de juntada aos autos do processo de prestação de contas do aviso de recebimento da citação ou intimação, encaminhada, por via postal, pelo Tribunal Regional Eleitoral ou Juízo Eleitoral ao órgão partidário hierarquicamente superior.

...

§ 10. VETADO. (Ver promulgação das partes vetadas ao final desta lei.)
..."

"Art. 39. ...

...

§ 3º ...

...

III – mecanismo disponível em sítio do partido na internet que permita o uso de cartão de crédito, cartão de débito, emissão on-line de boleto bancário ou, ainda, convênios de débitos em conta, no formato único e no formato recorrente, e outras modalidades, e que atenda aos seguintes requisitos:

...

§ 6º Os bancos e empresas de meios de pagamentos, incluídos os denominados digitais, ficam obrigados a disponibilizar a abertura de contas bancárias e os seus serviços de meios de pagamentos e compensação, inclusive on-line, para que os partidos políticos possam desenvolver e operacionalizar os mecanismos previstos no inciso III do § 3º deste artigo.

§ 7º Os serviços para os partidos políticos não se caracterizam e não acarretam restrições relativas às pessoas politicamente expostas, e seus serviços serão disponibilizados pelo preço oferecido pela instituição financeira a outras pessoas jurídicas.

§ 8º As instituições financeiras devem oferecer aos partidos políticos pacote de serviços bancários que agreguem o conjunto dos serviços financeiros, e a mensalidade desse pacote não poderá ser superior à soma das tarifas avulsas praticadas no mercado."

"Art. 44. ...

...

V – na criação e manutenção de programas de promoção e difusão da participação política das mulheres, criados e executados pela Secretaria da Mulher ou, a critério da agremiação, por instituto com personalidade jurídica própria presidido pela Secretária da Mulher, em nível nacional, conforme percentual que será fixado pelo órgão nacional de direção partidária, observado o mínimo de 5% (cinco por cento) do total;

...

VIII – na contratação de serviços de consultoria contábil e advocatícia e de serviços para atuação jurisdicional em ações de controle de constitucionalidade e em demais processos judiciais e administrativos de interesse partidário, bem como nos litígios que envolvam candidatos do partido, eleitos ou não, relacionados exclusivamente ao processo eleitoral;

IX – VETADO;

X – na compra ou locação de bens móveis e imóveis, bem como na edificação ou construção de sedes e afins, e na realização de reformas e outras adaptações nesses bens;

XI – no custeio de impulsionamento, para conteúdos contratados diretamente com provedor de aplicação de internet com sede e foro no País, incluída a priorização paga de conteúdos resultantes de aplicações de busca na internet, mediante o pagamento por meio de boleto bancário, de depósito identificado ou de transferência eletrônica diretamente para conta do provedor, o qual deve manter conta bancária específica para receber recursos dessa natureza, proibido nos 180 (cento e oitenta) dias anteriores à eleição..."

"Art. 44-A. As atividades de direção exercidas nos órgãos partidários e em suas fundações e institutos, bem como as de assessoramento e as de apoio político-partidário, assim definidas em normas internas de organização, não geram vínculo de emprego, não sendo aplicável o regime jurídico previsto na Consolidação das Leis do Trabalho, aprovada pelo Decreto-Lei nº 5.452, de 1º de maio de 1943, quando remuneradas com valor mensal igual ou superior a 2 (duas) vezes o limite máximo do benefício do Regime Geral de Previdência Social.

Parágrafo único. O partido político poderá ressarcir despesas comprovadamente realizadas no desempenho de atividades partidárias e deverá manter registro contábil de todos os dispêndios efetuados, sem computar esses valores para os fins do inciso I do *caput* do art. 44 desta Lei."

"Art. 45-A. VETADO.

"Art. 46-A. VETADO.

"Art. 47-A. VETADO.

"Art. 48-A. VETADO.

"Art. 49-A. VETADO.

"Art. 55-E. O disposto no art. 30 desta Lei deverá ser implantado no prazo máximo de 180 (cento e oitenta) dias, contado da data de entrada em vigor deste artigo."

Art. 2º A Lei nº 9.504, de 30 de setembro de 1997, passa a vigorar com as seguintes alterações:

"Art. 11. ...

...

§ 10. VETADO.

...

§ 15. VETADO."

"Art. 16-C. ...

...

II – VETADO. (Ver promulgação das partes vetadas ao final desta lei.)

...

§ 16. Os partidos podem comunicar ao Tribunal Superior Eleitoral até o 1º (primeiro) dia útil do mês de junho a renúncia ao FEFC, vedada a redistribuição desses recursos aos demais partidos."

"Art. 16-D. ...

...

§ 3º Para fins do disposto no inciso III do *caput* deste artigo, a distribuição dos recursos entre os partidos terá por base o número de representantes eleitos para a Câmara dos Deputados na última eleição geral, ressalvados os casos dos detentores de mandato que migraram em razão de o partido pelo qual foram eleitos não ter cumprido os requisitos previstos no § 3º do art. 17 da Constituição Federal.

§ 4º Para fins do disposto no inciso IV do *caput* deste artigo, a distribuição dos recursos entre os partidos terá por base o número de representantes eleitos para o Senado Federal na última eleição geral, bem como os Senadores filiados ao partido que, na data da última eleição geral, encontravam-se no 1º (primeiro) quadriênio de seus mandatos."

"Art. 18-A. ...

Parágrafo único. Para fins do disposto no *caput* deste artigo, os gastos advocatícios e de contabilidade referentes a consultoria, assessoria e honorários, relacionados à prestação de serviços em campanhas eleitorais e em favor destas, bem como em processo judicial decorrente de defesa de interesses de candidato ou partido político, não estão sujeitos a limites de gastos ou a limites que possam impor dificuldade ao exercício da ampla defesa."

"Art. 23. ...

...

§ 10. O pagamento efetuado por pessoas físicas, candidatos ou partidos em decorrência de honorários de serviços advocatícios e de contabilidade, relacionados à prestação de serviços em campanhas eleitorais e em favor destas, bem como em processo judicial decorrente de defesa de interesses de candidato ou partido político, não será considerado para a aferição do limite previsto no § 1º deste artigo e não constitui doação de bens e serviços estimáveis em dinheiro."

"Art. 26. ...

...

§ 4º As despesas com consultoria, assessoria e pagamento de honorários realizadas em decorrência da prestação de serviços advocatícios e de contabilidade no curso das campanhas eleitorais serão consideradas gastos eleitorais, mas serão excluídas do limite de gastos de campanha.

§ 5º Para fins de pagamento das despesas de que trata este artigo, inclusive as do § 4º deste artigo, poderão ser utilizados recursos da campanha, do candidato, do fundo partidário ou do FEFC.

§ 6º Os recursos originados do fundo de que trata o art. 16-C desta Lei utilizados para pagamento das despesas previstas no § 4º deste artigo serão informados em anexo à prestação de contas dos candidatos."

"Art. 27. ...

§ 1º Fica excluído do limite previsto no *caput* deste artigo o pagamento de honorários decorrentes da prestação de serviços advocatícios e de contabilidade, relacionados às campanhas eleitorais e em favor destas.

> § 2º Para fins do previsto no § 1º deste artigo, o pagamento efetuado por terceiro não compreende doação eleitoral."
>
> "Art. 28. ...
>
> ...
>
> § 12. Os valores transferidos pelos partidos políticos oriundos de doações serão registrados na prestação de contas dos candidatos como transferência dos partidos e, na prestação de contas anual dos partidos, como transferência aos candidatos."

Art. 3º O *caput* do art. 7º da Consolidação das Leis do Trabalho, aprovada pelo Decreto-Lei nº 5.452, de 1º de maio de 1943, passa a vigorar com a seguinte alteração:

> "Art. 7º ...
>
> ...
>
> f) às atividades de direção e assessoramento nos órgãos, institutos e fundações dos partidos, assim definidas em normas internas de organização partidária."

Art. 4º VETADO. (Ver promulgação das partes vetadas ao final desta lei.)

Art. 5º VETADO. (Ver promulgação das partes vetadas ao final desta lei.)

Art. 6º VETADO. (Ver promulgação das partes vetadas ao final desta lei.)

Art. 7º Fica revogado o art. 4º da Lei nº 13.488, de 6 de outubro de 2017.

Art. 8º Esta Lei entra em vigor na data de sua publicação.

Brasília, 27 de setembro de 2019;

198º da Independência e

131º da República.

Jair Messias Bolsonaro

PARTES VETADAS PROMULGADAS PELO CONGRESSO NACIONAL

LEI Nº 13.877, DE 27 DE SETEMBRO DE 2019

Altera as Leis nºs 9.096, de 19 de setembro de 1995, 9.504, de 30 setembro de 1997, 4.737, de 15 de julho de 1965 (Código Eleitoral), 13.831, de 17 de maio de 2019, e a Consolidação das Leis do Trabalho, aprovada pelo Decreto-Lei nº 5.452, de 1º de maio de 1943, para dispor sobre regras aplicadas às eleições; revoga dispositivo da Lei nº 13.488, de 6 de outubro de 2017; e dá outras providências.

▶ Publicada no *DOU* de 13-12-2019, edição extra-A.

O PRESIDENTE DA REPÚBLICA:

Faço saber que o Congresso Nacional decreta e eu promulgo, nos termos do parágrafo 5º do art. 66 da Constituição Federal, as seguintes partes vetadas da Lei nº 13.877, de 27 de setembro de 2019:

Art. 1º A Lei nº 9.096, de 19 de setembro de 1995, passa a vigorar com as seguintes alterações:

> "Art. 37. ...
>
> ...
>
> § 10. Os gastos com passagens aéreas serão comprovados mediante apresentação de fatura ou duplicata emitida por agência de viagem, quando for o caso, e os beneficiários deverão atender ao interesse da respectiva agremiação e, nos casos de congressos, reuniões, convenções, palestras, poderão ser emitidas independentemente de filiação partidária segundo critérios *interna corporis*, vedada a exigência de apresentação de qualquer outro documento para esse fim.
>
> ..."

Art. 2º A Lei nº 9.504, de 30 de setembro de 1997, passa a vigorar com as seguintes alterações:

"Art. 16-C. ...

...

II – ao percentual do montante total dos recursos da reserva específica a programações decorrentes de emendas de bancada estadual impositiva, que será encaminhado no projeto de lei orçamentária anual.
..."

Art. 4º O art. 262 da Lei nº 4.737, de 15 de julho de 1965 (Código Eleitoral), passa a vigorar acrescido dos seguintes §§ 1º, 2º e 3º:

"Art. 262. ...
§ 1º A inelegibilidade superveniente que atrai restrição à candidatura, se formulada no âmbito do processo de registro, não poderá ser deduzida no recurso contra expedição de diploma.
§ 2º A inelegibilidade superveniente apta a viabilizar o recurso contra a expedição de diploma, decorrente de alterações fáticas ou jurídicas, deverá ocorrer até a data fixada para que os partidos políticos e as coligações apresentem os seus requerimentos de registros de candidatos.
§ 3º O recurso de que trata este artigo deverá ser interposto no prazo de 3 (três) dias após o último dia limite fixado para a diplomação e será suspenso no período compreendido entre os dias 20 de dezembro e 20 de janeiro, a partir do qual retomará seu cômputo."

Art. 5º O art. 3º da Lei nº 13.831, de 17 de maio de 2019, passa a vigorar acrescido do seguinte parágrafo único:

"Art. 3º ...
Parágrafo único. Aplica-se também aos processos que se encontram em fase de execução judicial o disposto no art. 55-D da Lei nº 9.096, de 19 de setembro 1995."

Art. 6º As alterações promovidas nesta Lei aplicam-se a todos os processos de prestação de contas dos partidos que não tenham transitado em julgado em todas as instâncias.

LEI Nº 13.877, DE 27 DE SETEMBRO DE 2019

Brasília, 13 de dezembro de 2019;
198º da Independência e
131º da República.
Jair Messias Bolsonaro

RESOLUÇÕES DO TSE PARA AS ELEIÇÕES DE 2020

RESOLUÇÃO Nº 21.538/2003 – Dispõe sobre o alistamento e serviços eleitorais mediante processamento eletrônico de dados, a regularização de situação de eleitor, a administração e a manutenção do cadastro eleitoral, o sistema de alistamento eleitoral, a revisão do eleitorado e a fiscalização dos partidos políticos, entre outros.

RESOLUÇÃO Nº 22.610/2007 – Vide ADI 5081

RESOLUÇÃO Nº 23.546/2017 – Regulamenta o disposto no Título III – Das Finanças e Contabilidade dos Partidos – da Lei nº 9.096, de 19 de setembro de 1995.

RESOLUÇÃO Nº 23.571/2018 – Disciplina a criação, organização, fusão, incorporação e extinção de partidos políticos.

RESOLUÇÃO Nº 23.596/2019 – Dispõe sobre a filiação partidária, institui o Sistema de Filiação Partidária (FILIA), disciplina o encaminhamento de dados pelos partidos políticos à Justiça Eleitoral e dá outras providências.

RESOLUÇÃO Nº 23.600/2019 – Dispõe sobre pesquisas eleitorais.

RESOLUÇÃO Nº 23.601/2019 – Dispõe sobre o cronograma operacional do cadastro eleitoral para as Eleições 2020 e dá outras providências.

RESOLUÇÃO Nº 23.602/2019 – Dispõe sobre os modelos de lacres para urnas e envelopes de segurança e sobre seu uso nas Eleições 2020.

RESOLUÇÃO Nº 23.603/2019 – Dispõe sobre os procedimentos de fiscalização e auditoria do sistema eletrônico de votação.

RESOLUÇÃO Nº 23.605/2019 – Estabelece diretrizes gerais para a gestão e distribuição dos recursos do Fundo Especial de Financiamento de Campanha (FEFC).

RESOLUÇÃO Nº 23.606/2019 – Calendário Eleitoral (Eleições 2020)

RESOLUÇÃO Nº 23.607/2019 – Dispõe sobre a arrecadação e os gastos de recursos por partidos políticos e candidatos e sobre a prestação de contas nas eleições.

RESOLUÇÃO Nº 23.608/2019 – Dispõe sobre representações, reclamações e pedidos de direito de resposta previstos na Lei nº 9.504/1997 para as eleições.

RESOLUÇÃO Nº 23.609/2019 – Dispõe sobre a escolha e o registro de candidatos para as eleições.

RESOLUÇÃO Nº 23.610/2019 – Dispõe sobre propaganda eleitoral, utilização e geração do horário gratuito e condutas ilícitas em campanha eleitoral nas eleições.

RESOLUÇÃO Nº 23.611/2019 – Dispõe sobre os atos gerais do processo eleitoral para as Eleições 2020.